네가

나에게

위로가

돼

네가

나에게

위로가

돼

초판 1쇄 발행 2021년 6월 18일

지은이 최정민

펴낸이 임병천
펴낸곳 책나무출판사
출판신고 2004년 4월 22일 (제318-00034)

주소 서울시 영등포구 신길3동 325-70 3F
전화 02-338-1228 **팩스** 0505-866-8254
홈페이지 www.booktree.info

ISBN 978-89-6339-673-6 03810

네가
나에게
위로가
돼

최정민 시집

책나무출판사

시인의 말

저는 십 대부터 이날까지 시를 썼습니다
한 우물만 파고 살아왔습니다
시를 쓰기 위해서 모든 일들로부터 자유로운 적이 없습니다
밤낮을 가리지 않고 시를 써 온 사람으로서
시가 책이 되어 시집으로 탄생한다는 것은
저만 보았던 시에서 여러 독자분이
제 시를 공유할 수 있다는 선물 같은 약속입니다

시는 저에게 꿈이고 행복이고 친구고 삶입니다
제 시마다 읽어 시 길을 들어가서 걸을 때
독자분들에게 따스하고 살아볼 만한 가치를
만나길 바라봅니다

2021. 6.

아름다운 날 최정민 시인 드림

목차

1부

2부

3부

1부

그렇구나! 그대 앞에서 꽃은 피는 게 아니라 열리는 거였군요

꽃이
한 잎 한 잎
피는 줄 알았습니다
그대 앞에서
꽃은 피는 게 아니라
열리는 거였군요
온몸을 돌아 비틀듯
비틀고 활짝 열리는
꽃잎을 보며
떨어질 때
꽃잎과 달라서
놀랐습니다

그렇구나!
그대 앞에서
그대 사랑으로
나는 피는 게 아니라
열리는 거군요
그래서 예뻐지고
마음이 벅차고

생각이 온통
그대를 위해
온몸을 돌아 비틀듯
열리는 거군요
그대의 여자가 되어

사랑에 잡초가 자란다고
정원이 안 될까 봐?

사랑에 잡초가 자란다고
사랑이 아닐까요
사랑에 잡초가 자란다고
사랑을 가꾸지 않을까요
사랑을 하고 싶으세요
그렇다면 사랑에 꿈을 넣어
빛을 넣어 표현해 보세요
잡초가 자랄 만한
일은 하지 않도록
말은 정답게 하고
표현은 정성스럽게 하고
행동은 부드럽게 느끼게 하세요

사랑에 꽃이 피어나기까지
눈을 감아 주세요
단점이 보이기 시작하면
남는 풀이 하나도 없어서
잡초인지 꽃을 피우는 풀인지 모르게 되어요
입을 다물고 한 번씩
생각을 정리하고 말해보아요

사랑이 꿀처럼 뚝뚝 흘러
당신이 더 사랑스러워지지요
귀를 열되 당신 마음에 열고
공감하며 이해해 버릇하세요
그렇지않다면
사랑의 정원은 어디에도 없어요

사랑은 장난같고
사랑은 유치해서
잠시 잠깐 소홀히 여기면
눈물을 보이고
상처가 되어 아프고
오해의 꽃이 피어
되돌릴 수 없는 강을 건너고
난파선이 되어 표류하게 되어요
잊지 말아요
내가 먼저 당신을 사랑해도
당신의 사랑이 나의 사랑에
함께 쌓여서 이렇게
아름다웠다는 사실을 말이어요

사람은 하고 싶은 만큼 합니다

사람은 하고 싶은 만큼 합니다
그런 생각이 듭니다
누가 뭐라고 하든지
그것은 중요하지 않습니다

사람은 하고 싶은 만큼 합니다
생각하는 만큼 한다는 생각이 듭니다
아무리 열악하다 하더라도
그것을 이기고 딛고 나가는 사람은
바로 나 자신이기 때문입니다

열등감에 빠지지 마십시오
실의에 잠기지 마십시오
누가 당신을 비판하고
당신을 몰아붙이더라도
두려워 마십시오

당신의 소중함은
여전히 그대로 소중하며
당신의 뛰어난 재능은 그대로며

당신은 당신이 인정하는 그대로
사람은 하고 싶은 만큼 합니다
당신을 믿어주는
당신 한 사람이 되어 주세요

사랑해요 간절하면 이루어진대요

여보!
사랑해요!
간절하면 이루어진대요
우리가 사랑하면서
기다려주면서
변하지 않으면
그대로 사랑이 이루어지겠죠
매일 사랑하고
매일 껴안고
매일 키스하고
매일 같이 잠들고
매일 같이 숨 쉬고
매일 아픈 데 만져주고
덜 아프게 감싸주고 싶어요
사랑해요!
간절하면 이루어진대요
당신과 함께 숨 쉬고 싶어요
당신을 사랑으로 안으며
가까와지고 또 가까와지고
그렇게 살고 싶어요

우린 이미 부부가 되고
마음은 그 누구보다
사랑스러운 그런 사이로
살아가고 있어요
사랑해요
사랑해요
여보 사랑해요

네가 나에게 위로가 돼

일상에서
바라볼 게 없어서
꽃을 좋아하게 된 나였는데

생활 속에서
하나도 즐거울 게 없어서
거울을 보고 웃음을 배운 나였는데

아프다고 말해도
아무도 내 곁에 없어서
외마디 비명도 지르지 않던 나였는데

혼자가 되어 늘 두려워서
혼자 울다가 바보 같은 내가 가여워
눈물 뚝뚝 흐르던 나였는데

허리가 휠 만큼 고통이 안겨와
무게에 주저앉던 매 순간을
즐기며 인내하려 했던 나였는데

그래서 안 넘어질 줄 알았다
그래서 무너질 줄 몰랐다
그래서 사랑도 이겨낼 줄 믿었다

비가 자꾸 내리면 어떻게 해!

안 그래도
내 마음이 무너져 내리는데
비가 자꾸 내리면 어떻게 해!
일어설 수 없게 되잖아
내가 바보처럼
자꾸 울게 되잖아
네가 자꾸만 그리운데
빗방울 따라서
네 얼굴이 겹치잖아
비가 자꾸 내리면 어떻게 해!
안 그래도
힘이 쭉 빠져나가는데
넌 자꾸만 눈물이 되어 흐른다
사랑이 되어 맺힌다

당신께 편안한 사람이 되고 싶군요

내가
가장 원하는 건
상대에게 가장 편안한 사람이 되어주고 싶습니다
하지만 늘 부족하여서
늘 배려하느라고
언제나 사랑이 지나쳐서
그만 오지랖 넓은 인간이 되고 맙니다
아~ 슬퍼해도 소용이 없습니다
아~ 노력해도 아쉽기만 합니다
난 안 되는가 봅니다
마음이 참 많이도 아픕니다
나도 상대에게 편안하고 싶고
나도 상대를 의지하고 싶습니다
그러나 독불장군처럼
늘 전두 지휘자의 위치에 놓여있고
언제나 혼자서 고뇌하는 지도자급이 되어 신경을 쓰고
살지 않을 수 없는 입장이 되어 버립니다

사랑이 아니면 뭐란 말인가 이게

사랑이 아니면
뭐란 말인가
이게!

자꾸만 보고 싶어져
네가 그리워져
눈앞에서 아른거린다

자꾸만 생각이 나서
네가 보고 싶어져
네 목소리가 들리는 것 같아

자꾸만
자꾸만
사랑이 네게로 간다

하루하루
반복되어지듯
사랑이 너에게로 가고 있다

바보 알지도 못하면서
나에게 네가 전부인 거란 걸
네가 사랑이란 걸

나 당신을 사랑하고 싶습니다

하늘의 별처럼
유난히 반짝이는
두 눈으로

매 순간
내리쬐는 해맑은
해처럼 따스하게

시원하게
있는 듯 없는 듯 부는
조용한 바람처럼

늘 행복해서
못 견디는 웃음처럼
즐거운 시간이 되어

오늘도 양지바른
풀밭에 노니는
아름다운 꽃송이처럼

언제나 쉬지 않고
흐르는 물처럼
모양도 맛도 색깔도 없이

찬 공기

공기가 차다
사람 마음의 공기가
한여름 뙤약볕이
무색하리만치 차서
냉기가 든다

한 사람을
사랑한 죄로
이렇게 느끼는 허전함
차가운 미소
공기가 차다

매일 부서지지만
깨지지 않고
매일 부딪히지만
터지지 않는
찬 공기

견디어내어도
견디어내어도

여전히 차다
빗장을 건 가슴엔
고드름이라도 얼었나 보다

그런 날이 있지요 다 슬픈 날이요

생각만 해도
그런 날이 있지요
다 슬픈 날이요

밥을 먹다가도
울컥하며
눈물이 후드득 떨어져
밥 수저를 놓게 하는 날

인내하고
가도 가도 끝이 없을 듯
기구한 운명인 거 같은 날

죽어도
슬픔만 남아
애곡할 거 같은
서러운 날이 있지요

웃어도 안 되고
다른 생각을 해보려 해도 안 되고

그저 눈물 구멍에
쏟아지는 수도꼭지마냥 흐르는 날

눈물이 헤픈 날
미치게 마음이 고장 난 날
그래서 앓아 누워 버리고 싶은 날
그래도 일어나서 다 해야 하는 날

사랑이란 모든 허물을 덮는 거라고 했다

그가 나에게 왔습니다
내 안에서 자유를 느끼고 싶어서
그가 홀딱 옷을 다 벗고 싶어 하면
옷을 다 벗겨주고
옷을 입길 원하면 입혀주고
변을 누고자 하면 눌 수 있게 해주고
소변이 마렵다 하면 자다가도 누이고
가래를 뱉고자 하면
휴지로 뱉게 해주고
춥다고 하면 이불을 덮어주고
목마르다고 하면 물을 마시게 하고
배고프면 배부르게 해주고
아기처럼 대하고 해달라고 부탁해도
사랑이란 모든 허물을 덮는 거라고 했다
적어도 내 마음은 그러합니다

그대가 나에게 오면
나는 짜증스럽거나 싫지 않다
그냥 그대로 그대를 인정하고
욕구는 다 같다고 생각합니다

사랑스럽고 귀하기에 언제나
사랑하고 아끼고 소중히 여길 뿐입니다
더러움을 내놓는다고 한들
그대가 더러운 게 아니며
부끄러워한들 그대가 부끄러운 게 아니기에
난 그대로 그대의 사랑스러움을
바라봅니다
이대로 사랑해도 괜찮겠습니까?
예스입니다
내가 낮은 자로 살면
그대는 높을 수 있고
그대가 낮추어주면
내가 올라가서 있을 수도 있겠지요
그저 바라만 봐도 좋은 사랑
그대는 그 사랑을 타고났나 봅니다
그래서 사랑받기에 부족함이 없나 봅니다
사랑이란 모든 허물을 덮는 거라고 했다
이 말이 아니더라도
그냥 사랑으로 대하게 됩니다

내가 너를 사랑한다면 놔주어야 할 것 같다

갑자기 두려워졌다
내가 너를 힘들게 할까 봐
갑자기 무서워졌다
내가 너를 아프게 할까 봐
너와 나는 다른데
같은 양 널 어렵게 했다
하고보니 두려워졌다

난 네가 허리가 아플까 봐
침대에 눕혀 쉬게 하고 싶었다
그게 네가 침대에 누울 수 없어
일일구를 불러서 두 사람이 겨우
힘을 써서 눕히는 걸 보니
난 두려워졌다
난 너에게 도움이 안 된다는 사실을
깨달았다

아니
간이 떨어지게 놀라서
직면하게 되었다

아! 자만이었다
내가 너에게 도움이 되고
사랑이 된다는 건
현실을 모르는 무식함이었다

하루에도 열두 번씩 널 위해
무얼 해줄까를 생각하지만

하루에도
열두 번씩
널 위해
무얼 해줄까를
생각하지만
결국 내가 할 수 있는 건
미약하다

널 위해 웃어주고
널 위해 사랑하고
널 위해 요리를 하고
밤새 잠도 못 자고
소변을 받아내고
널 안아주고
널 행복하게 하는 것

그러나
너에게 위험한 일이 생기면
결국 남의 손을 빌려야 한다
널 안아들 수도 없고

널 업을 수도 없고
널 편안하게
침대에 눕힐 수도 없고
널 쉬게 휠체어에 앉힐 수도 없다

갑자기 널 위해 하는
나의 모든 게 무가치하다
아~
마치 벼랑 위에 들풀처럼
흔들릴 수밖에 없고
작을 수밖에 없고
눈에 띄지도 않는 날
내가 바라보며
처량하다!

당신이 이젠 나인 것만 같습니다

사랑하는 그대여
당신을 사랑하면서
당신을 생각하고 또 생각하고
당신을 사랑하고 또 사랑하고
당신을 아끼고 또 아꼈더니
당신이 이젠 나인 것만 같습니다

눈뜨면 제일 먼저 생각이 나고
눈 감으면 제일 나중에 생각이 나고
당신과 함께 하루를 시작하고 싶고
당신 품에서 내 존재는 깊어집니다
당신이 이젠 나인 것만 같습니다

오늘도 당신이 보고 싶어 애 닳고
내일은 당신을 만남에 기대에 차고
모레는 당신이 나이기에 기뻐합니다
하지만 가끔씩 난 당신과 낯설어져
살얼음판을 디디는 것처럼 아파합니다
당신이 이젠 나인 것만 같습니다

당신에게 가고 있어요

당신에게 가고 있어요
설레는 마음으로

당신에게 가고 있어요
열심을 다해 뛰어가고 있어요

당신에게 가고 있어요
온 마음을 다해 달려가고 있어요

당신에게 가고 있어요
하고 싶은 말 가득 안고 달려가고 있어요

당신에게 가고 있어요
당신은 나의 전부가 되어 가고 있어요

네가 내 사랑이라서 참 좋다

다정한 네가
나에게 와
입술로 고백했지
향기로 고백했지
네가 내 사랑이라서
참 좋다

힘겹다
한 번도 말하지 않고
끝내 어렵다고
눈물도 보이지 않던 네가
입술을 꼭 다문 채
눈으로만 얘기했지
네가 내 사랑이라서
참 좋다

소중해서
소중하다 말하고
귀하고 귀하여서
귀하다고 말했지

그러다가 그 말이
더욱 사랑이 되어
네가 내 사랑이라서
참 좋다

언제 변할지 모른다고
고까와지지 말아라
어느새 스며들었다고
함부로 하지 말아라
사랑이 네게 찾아온 그 순간
넌 나에게 사랑이라
너에게 난 사랑이라 가득하다

너니까

아!
예쁘다
너니까

참!
사랑한다
너니까

지금!
보고 싶어지네
너니까

바로!
목소리 듣고 싶다
너니까

어쩐지!
네가 좋더라
너니까

아하!

이런 내 마음을 다

가지고 갔니? 너니까

마음이 마음을 알아주는 건
이해가 아니라 신뢰이다

그래! 참 곱상하다
네 마음
만지작만지작거리다가
알았더랬다
네가 얼마나 날 신뢰하는지!
네가 얼마나 날 사랑하는지!
그래도…

모르는 척해버렸다
너무 알아버리면
네가 얼마나 부끄러울까 싶어
그런데도
난 아는 척 너에게 말하련다
사랑하는 맘 몰라주는 만큼
서러운 마음은 없으니까…

아침에 널 보았다
보기만 해도 예쁜 사랑

밤새 아프지 않고
잘 잤느냐고
굿모닝 인사를 건네는 네가
해맑아 난 눈부시다

밤사이 별일이 없기를
간절하게 기도하며
잠들었던 네가 건네는 아침은
사랑스러운 맑은 물 같아

아프더라도 아침 거르지 말고
꼭꼭 씹어 잘 삼키고
아프더라도 잘 견디어주길 바라는 네 맘 고이 접어서 내 가슴속에
숨 쉬는 사랑이 되었어

매 순간이 아프고
매초마다 숨을 거칠게 쉬는 일이 반복되면 숨이 안 쉬어지게
가슴이 아프다
하지만 홧팅할게 네 사랑 고마워서

사랑은 자고로 하나여야만 한다

요즘
사람들에겐
앤이 필수지요?

남편이 있으면
앤 같은
남편을 만드세요

남편이
없으면
앤 만드는 거 좋아요

좋은 건 하나일 때 좋지
두 개 세 개 귀찮아요
물건도 그러하거늘

사람이야
말해
무엇하겠어요

시작은 하고 싶을 때 해도
끝은 마음대로 내지 못하게 되는 게
사람 인연이지요

하나로 만족할 때
당당하게 소통하고
아름다운 거지요

그래서 앤이겠죠
나만 사랑하고
나만 생각하고 만나주는 사람!

마음이 푸근한 사람

감자처럼 푸근하게 삶아졌으면
하얗게 여린 살 푸근하게 뽀얗게
부드럽고 달콤하게 사르르르
웃을 수 있어서 행복한 사람
배꼽 빠지게 웃겨주는 사람
언제나 내 곁에 없지만
날 안아주는 사람
나와 함께하진 않지만
나에 대해 잘 아는 사람
그래서 놓을 수 없는 사람
그래서 편안한 사람
마음껏 소리 내어
양껏 웃을 수 있는
사랑스러운 사람
언제나 기억해도
피식 웃음 나는 사람

바보짓 해도
바보 같지 않아서 좋은 사람
잘난 척해도

잘났다고 핀잔받지 않는 사람
자기 자신을 마음껏 드러내고도
당당하게 함께 웃을 수 있는 사람
그래서 가녀린 사람
비가 좋아서 비를 기다리고
내가 좋아서 나를 찾아오고
미안하지만 할 말 다하는 사람
그리고 늘 웃겨주는 사람
더워도 안겨서 웃을 수 있는 사람
한껏 허풍 떨지 않아도
그대로가 좋은 사람
가면도 쓰지 않고
이중성도 없지만

쿨하지 않을 거 같다가도
너무 쿨해서 야속하기까지 한 사람
오해에서 이해로 전환되는 사람
알다가도 모르겠을 사람
마냥 좋은 사람
시골스러운 선비에

도시스러운 성격에
빗줄기같이 당돌함이 내비치는 사람
오늘도 비를 기다리다가
가버린 사람
푸근하게 삶아졌다
내 맘이 부드러운 걸 보니까

2부

여보가 나에게

여보가 나에게
그리움이 되라 하면
그리움이 되겠지요

여보가 나에게
사랑이 되라 하면
사랑이 되겠지요

여보가 나에게
보고 싶다고 하면
나도 당신에게 보고픔이 되겠지요

여보가 나에게
사랑한다고 하면
나도 당신에게 사랑이 되겠어요

여보가 나에게
웃음이 되어준다면
나는 당신에게 행복으로 남을게요

이 밤도 밀려드는
그리움과 보고픔
꿈속에서라도 만나길…

당신이 짜증이 날 정도로 보고 싶은 날도 있군요

괜스레 짜증이 올라왔습니다
무척이나 화가 나서 못 견디겠습니다
당신이 보고 싶어서
당신의 목소리가 듣고 싶어서
사람이 사람이 그리워서
이렇게 감정이 격해질 수 있다는 사실에 적잖게 놀랐습니다
정말 안 좋아서 화가 나는 것보다
더 화가 났습니다
이럴 수도 있군요
사랑해서
화가 나기는 처음입니다
이런 식으로 말입니다

당신의 목소리를 들으니
살 것 같습니다
당신의 사랑을 받으니
화난 감정이 다 풀렸습니다
어떻게 이런 일이 나에게 일어났는지
어리둥절합니다

대단한 사랑입니다
우리가 정말 대단한 사랑에 빠졌나 봅니다
이렇게 사랑하는데
왜 돌아왔을까요?
이토록 좋아할 거라면 일찍 좀
서로의 가슴에 봄이 오지 그랬나 봅니다

내가 싫어할 때 보내는 건 사랑

내가 싫어할 때 보내는 건 사랑
내가 사랑하는데
놓아주는 건 사랑이 아니다
함께 할 때만 사랑이지
따로일 땐 사랑일 수 없기 때문이다

연인이 따로 먹고
따로 생각하고
따로 만나는 걸 상상해보라
더 이상 사랑은 없다
연인은 같은 방향으로 흐른다

하지만
상대가 날 싫다고 할 땐 보내버려라
같이 있는다고 사랑이 아니니까
그래서
사랑이라며 떠나는 이유는 없다

가장 예쁜 몸짓을 하고 싶다

네가
어딜 가든지
따라다니며
노래하는 종달새가
되고 싶다

네가
어디에 있든지
곁에 머물러
활짝 피어 품어주는 꽃이
되고 싶다

그래서
네 기억에
봄처럼 화사한
나비로 기억되어
너에게 아름다운 몸짓이 되고 싶다

당신은 내게 선물 같은 사람입니다

당신은
나에게 선물 같은 사람입니다
늘 웃음 짓게 만드는
고맙고 감사한 사람입니다
만나면 즐겁고
또 만나고 싶은 사람입니다
사랑스러워서 품에
안아주고 싶은 사람입니다
곁에서 보듬어주고
다 챙겨주고 싶은 사람입니다

당신은
나에게 선물 같은 사람입니다
바람이 선선하게 부는 날에
둘이서 손잡고
산책하고 싶은 사람입니다
둘이 밥을 준비하면서 웃고
둘이 밥을 먹여주며 맛있다고
이야기꽃을 피우고 싶은
사람입니다

둘이 잠들다 웃고 깨면
살짝 안아주며
사랑할 수 있는 사람입니다

내 안에서
별이 되어 웃음 짓고
달이 되어 밝게 웃고
해가 되어 타오를 수 있는
예쁜 사람입니다
아름다운 나무가 되어
그늘로
조용히 가리워주고
쓰다듬어주고 싶은
사람입니다

숨소리도 내지 않을 듯
다닥다닥 피어났니?

숨소리도
내지 않을 듯
다닥다닥 피어났니?

하얀 꽃망울 터지며
네 곁에 온 붉은 사랑아
네 가슴에 울컥하다

꽃이 물들다
앵두가 되어
가슴에 콕 숨었지!

아무도 모르라고
이렇게 작게
고만고만 쌍둥이 같아라

사랑이 피어나자마자
사랑이 물들자마자
그만 앵두 가지에 바람이 들다

이곳에 훌쩍

저곳에 훌쩍

던지듯 울어버린 붉은 얼룩 물들다

사랑을 통해 웃는다

꽃이 열매가 되려나 봐
활짝 웃네!

열매가 꽃이 되려나 봐
꽃처럼 웃네!

나도 사랑이 되려나 보다
이렇게 싱겁게 미소 지어지니!

사랑을 구걸하다

마음이 허전해서
사랑을 구걸하다
마음이 외로워서
사랑을 구걸하다
난 거지 같은
사랑을 한다
사람들은 외로움을
아픈 몸을 짓밟고
일어서고 싶어 한다
내가 바보처럼
그렇게 짓밟히고 있다
모두에게

이게 사랑일까?

같이 있고 싶었다
괜스레
같이 손도 잡고 싶었다
어쩐지
같이 뭐라도 하고 싶었다
도무지
나 같지 않은 날 본다

삐지는 법이 없던 나
뾰로통 삐져있구나
화나는 법이 없던 나
어느새 화가 나더구나
이런 날 보았니 친구들아
아! 낯설어 못 살겠다
어쩌면 좋겠니?

그냥 친구라고 말하고
그냥 친구라고 밥 먹고
그냥 친구라고 영화 보고

그냥 친구라고 같이 있고
그냥 친구였다
아무 짓도 안 하는 친구
이십 년 지기 친구

어느 날 알았다
날 사랑하는 친구
너라서 사랑해버린 친구
친구라서 기뻤나?
친구라서 편했나!
친구라서
이렇게 변할 줄 몰랐다

누군가 상처를 입는 일은 아픈 일이다

누군가
상처를 입는 일은
아픈 일이다
내가 아니더라도
그건 가슴이 저미는 일이다
그렇다고
상처를 안 줄 수 있는 것도 아니라
매번 가슴이 아프다

아무도 모를 것이다
약자가 된다는 거
그리고 약자가 되어 강자 앞에 무릎 꿇지 않아야 사는 일을
누가 알겠는가!
아프다고 하면 눈 깜짝도 안 하고
똑똑하게 사고하면
너무 똑똑해서 못 쓴다고 하고
정말 어렵기만 한 이 타이틀을 벗어버리고 싶다

넌 내가 다른 사람하고 사랑에 빠지면 좋겠니?

숲이 우거질 때 사랑을 하고
새가 우짖을 때 사랑을 하고
꽃이 화려하게 피어날 때
넌 내가 다른 사람하고
사랑에 빠지면 좋겠니?

얼마든지 너를 사랑하고
네 곁에 머물렀던 시간을 뒤로하고
언제나 나와 함께하던 추억 너머로
널 잊어주고 널 떠나서 다시 찾지 않게 널 기다리지 않으면 그래서
넌 내가 다른 사람하고
사랑에 빠지면 좋겠니?

그래! 그렇게 해줄게
그걸 그게 너에게 최고의 선물이라면 네가 그걸 원하면
그렇게 해줄게!
넌 내가 다른 사람하고
사랑에 빠지면 좋겠니?

매일 그대가
내 곁으로 오면 좋겠습니다

어느 때는 오고
어느 때는 오지 않고
하지 않고
매일 그대가
내 곁으로 오면
좋겠습니다

매일 같은 자리에서
사랑하고
매일 같은 위치에서
바라보고
매일 같은 공간에서
휴식하고

그렇게
젊음을 함께 보내고
그렇게
중년을 맞이하고
그렇게
늙어가고 사랑하고

매일 그대가
내 곁으로 오면
좋겠습니다
그래서
그대를 마음껏
섬겨드리고 싶군요!

난 단지 괜찮은 사람이고 싶었습니다

난
그저
괜찮은 사람이고만 싶었습니다
병신
미친년이 아닌
낮술 취한 몹쓸 여자로
오해받지 않고
단지 누가 보아도 괜찮은 사람

난
단지
편안한 사람으로 남고 싶었습니다
나만 보면 보기도 안타깝고
나만 보면 돌봐주고 도와주어야 하는
버거운 사람이 아닌
그저 바라보면 좋은 사람

난
그냥
함께하고 싶은 사람이길 기대했습니다

나도 당신이 좋아요 아하!
나도 당신이 참 좋아요! 하하하
이렇게 멋지게 한마디 나누며
사는 게 꿈이 되었습니다

사람답게 살려고 하니
내 곁에 사람이 없구나!

사람답게 살려고 하니
내 곁에 사람이 없구나!
어이된 일인지
사람답게 사는 일이
버거워진 세상
도리를 알고
법을 지키고
예의를 중시함이
과욕이 된 지금
도대체 사람들은
무얼 위해 사는가?

돈
돈
돈이다
돈이면서
편안함이다
그리고 무책임하면서
쉼을 얻고자 한다
참 아이러니한 세상사

살수록
머리가 아프고
가슴이 아프다

정이 뚝뚝 묻어나던 시절이 그립다!

내
진측에
그 시절만 살 것을

오이를 뚝 따서
베어 물어도
향이 올라오고

수박을 한 덩이
주먹으로 깨서
물 줄줄 흘리며 먹고도 웃음 짓던

얼음 동동 식혜를
항아리에서 퍼다가
바스러지게 오독거리던

길가다
무 하나 턱 뽑아
흙먼지 털털 털어 먹던

업고 가던 아이가
급하면 내려서
오줌 갈겨도 이뻤던

그 시절만 살고
말 걸
이젠 사람이 두려워 어이하누!

내 사랑에 비밀번호가 떴다

내 사랑에
비밀번호가 떴다
너의 마음
나의 마음
동일한 사랑

내 사랑에
비밀번호가 떴다
너의 이름
나의 이름
코드가 맞아

내 사랑에
비밀번호가 떴다
네 생각
내 생각
공감하다

내 사랑에
비밀번호가 떴다

너

나

우리

첫눈에 알아봤어! 네가 내 사랑인지!

첫눈에 알아봤어!
네가 내 사랑인지!

그냥 내 맘에 쏙 들더라!
네가 내 사랑처럼!

그래서 내 맘이
너에게 안겼나 봐

세상에서 첫눈에
완벽한 사람은 너뿐이었어!

그래 맞아!
난 네가 참 좋았어 이만큼!

후훗
너도 그랬구나!

이제 보니
우린 그때부터 사랑했나 봐!

당신 목소리만 들어도 좋아요

당신을 사랑합니다
당신의 목소리만 들어도
기쁘고 힘이 납니다

당신을 느낄 때 감사합니다
끊임없이 사랑해주니
감사합니다

당신은
나를 웃게 하는
엔도르핀입니다

당신은
나에게 기쁨을 주는
희망의 소리입니다

사랑합니다
당신과 함께하는
이 시간 참으로 행복합니다

사랑하나 봐 나 당신을 꿈결처럼

그대여!
그대의 이야기가 듣고 싶어요
아무 말이라도 좋아요
아무 생각이라도 좋아요
아무 표현이라도 좋아요
전부 다 알고 싶어요
어쩌죠?
당신을 나 사랑하나 봐요

아무리 잠들어
당신 생각을
조금만 하려 해도
잠이 달아나게
당신이 생각나기만 하네요
어찌하여야 하나요?
나 당신을 사랑하나 봐요

가슴은
콩닥콩닥 뛰고
쥐가 날 듯

당신 생각은 가득하고
어쩌다 잠들면 그대여
꿈속이라도 오셔요
나 당신을 사랑하나 봐요

사랑이 별거 아니길 바랐다

사랑이
사랑이 별거 아니길 바랐다
심장이 멎을 만큼 두렵지 않길

사랑이
사랑이 여태 태워도 멈추지 않는
심장을 꽃처럼 피워내다

사랑이
과연 이 사랑이 뭐기에 이리도
곤고하게 만드는 것인가?

사랑이
울고 웃는 지름길인 듯 자꾸만
나를 미치게 만든다

사랑이
사랑이 별거가 아니길 바랐으나
아니다

참 인생보다 어렵고
평생보다 긴
장수 놀이 같더라

행복한 날에 그대와 함께

행복한 날에 그대와 함께
반짝이는 마음
한 움큼 집어
서로에게 뿌리며
꽃길을 걸어갑니다

꽃도 반짝이며
향기를 한 움큼
뿌려주었습니다
우리는 그곳에서
향기로워지는
다정한 말을 나누어
한 움큼
행복을 덧뿌렸습니다

행복은 꽃들에게 뿌려지고
꽃들은 행복에 화답하며 떨어져
예쁜 행복을 담은
열매 주머니를 저장해 주었습니다
향기도 행복도 반짝임도 모두 뿌려진 열매 주머니는

달달한 사랑을 한 움큼 뿌려주었습니다

우리는 매일이 반짝이고
향기로운 하루가 행복하고
사랑스러운 사람이 되어
달달하니 사랑이 됩니다
어여 오셔요!
반짝이는 꽃길에서
달달한 사랑으로 만나요
향기롭게…

사랑은 나에게 말합니다

사랑이 꽃처럼 피었다고
지지 않는 건 아니라고
사랑은 나에게 말합니다
사랑이 그대 가슴에 불붙었다고
움직이지 않는 건 아니라고
사랑은 나에게 말합니다

사랑에 물을 주고
사랑에 양분도 주고
사랑도 끊임없이 가꾸어야 함을
사랑은 나에게 말합니다
사랑이 꽃이라고 예쁘다고
상처내고 사랑이라 고집한다면

사랑은 일그러지고 미워져서
가질 수 없는 흉한 꽃이 된다고
사랑은 나에게 말합니다
가질 수도 만질 수도 향기도 달라지는
사랑을 꽃이라 누가 품겠습니까?
사랑은 나에게 말합니다

사랑해도 다치는 것을

마음이 가는 것은 어쩔 수 없습니다
묶어도 묶어도 묶이지 않는
흐르는 마음을…

몸이 가는 것도 잘못이 아닙니다
달려가 보고픈 자유를
어찌 막고 멈추라 하겠습니까!

그러나
절제가 없는 것은
크나큰 잘못입니다

나는 그대에게 나비가 되어 앉았습니다

나는 그대에게
나비가 되어 앉았습니다
그대가 움직이는 대로
움직이고 싶어서
팔랑팔랑 고운 몸짓으로

나는 그대에게
솜털처럼 앉았습니다
그대 코끝을 간질이며
웃게 해주고 싶어서
부드러운 몸짓으로

나는 그대에게
가을처럼 앉았습니다
그대 가슴에 붉은 사랑으로
물들고 물들고 또 물들어
불꽃같이 타들어 가려고

나는 그대에게
바람처럼 앉았습니다

그대 마음이 답답하여 슬플 때
시원하게 마음을 뚫어주고
향긋한 바람으로 불려고

나는 그대에게
하늘로 앉았습니다
그대 곁에서 늘 머무르며
그대를 보고 또 보고
그대도 나를 보라고

당신은 나의 행복이야

유리처럼 맑아서
빛이 들어가면
모든 마음을 알아버린 너

그 마음이 예뻐서
너를 잃어버릴까
염려스럽기만 한 아름다운 너

그런 너를 다치지 않게
감싸줘고 싶었다
하지만 넌 숨 막혀했지

너는 언제나 내 곁에서
맘만 들이고 놀며
자유로워지려고 했다

너를 지켜주려고 애쓰다
너를 놓아버리니 너에게 난
행복이 되었다 나 또한 너에게

가을을 사랑한 나 사과가 있었지!

가을을 사랑한 나
사과가 있었지!
시원한 바람이 불더니
새콤하니 달콤하니

가을을 사랑한 나
사과가 찾아오더니
사랑한다고 말하며
얼굴 붉혔다!

가을을 사랑한 나
구름 타고 꿈길 타고
사과 널 통째로 잡아
꽉 깨물어 주련다

가을을 사랑한 나
사과와 살고 지고
행복 향기 가득 안고
달달하게 살아가자

3부

당신에게 내 사랑은 전부였습니다

당신에게 꽃이 될 수 없다면
당신 가슴에 별이 될 게요
당신에게 나비가 될 수 없다면
당신 눈에 달이 될게요
당신이 멀리서라도
나에게 반짝이는
빛을 따라오도록

당신에게 하늘같은 사랑을 퍼붓다
소나기 같은 눈물을 흘렸습니다
당신에게 나무 같은 사랑을 퍼붓다
그루터기로 남았습니다
이제 날 잊고 쉬십시오
이 그루터기에 앉아서
마음껏 즐기십시오

당신에게 하나의 사랑을 담아
드리고 또 드리다가
당신의 보석이 되어
당신 가슴에 남고 싶었습니다

하지만 당신은 여리고 고운 사람이라
아플까봐 조용히 떠나가렵니다
그리워서 눈물 짓지 마십시오
당신에게 내 사랑은 전부였습니다

당신은 내게 가장
아름다운 풍경입니다

하루가 따분할 때면
당신을 바라봅니다
하루가 슬퍼질 때면
당신을 생각합니다
하루가 즐거울 때면
당신을 사랑합니다
당신은 나에게 가장
아름다운 풍경입니다

해가 지는데도 오시지 않습니다
달이 떴는데도 보이지 않습니다
당신이 보고파서 이렇게 뜬눈으로
밤을 새웁니다
밤이 가면 당신이 오실까나!
새벽이 오면 당신이 머무실까나!
열심히 생각해봅니다
당신은 나에게 가장
아름다운 풍경입니다

잠자리에 들면 오시겠지!

날을 새면 오시겠지!
가까이 다가서 기다리면 오시겠지!
늘 그 자리에서 기다립니다
울지도 않고 움직이지도 않고
그렇게 기다리다가 하얘진 햇살
가득 서러움이 차올라 떠오릅니다
나도 여자겠지요!
용감하기만 한 한 장수가 아닌
이 밤 어둠이 무서워 웁니다
사랑에 기다림에 독촉할 수 없는 삶에…

당신의 사랑은 어디까지인가요?

사랑한다고 풍덩 빠지지도 않는
당신의 사랑입니다
사랑이 깊어진다고 넘치지도 않는
당신의 사랑입니다
비만 와도 물이 넘치고
바람만 불어도 폭풍우가 되는데
당신의 사랑은 어쩌면 그리도
가만히 있습니까?
잔잔하게 아무런 요동도 없이…

가끔은 그 사랑에 울고 싶어집니다
밋밋하고 조용해서 사랑 같지 않은
당신의 사랑이 따분하기까지 합니다
미안합니다 당신의 사랑을
내 기분으로 느껴서입니다
당신은 전혀 미치지 않는
사랑을 합니다
말똥말똥 언제나 바라보는
그 미소에서 난 사랑을 못 느껴
울고만 싶습니다

너무나도 논리적이고
냉정하고 가슴이 차가울 만큼 이성적인 당신의 사랑에
늘 찬물 끼얹은 듯한 사랑이 됩니다
그러고도 내 사랑이다 하시니
참 안타깝습니다
사랑이 그냥 사랑이라는데
사랑이 열이 오르지 않는
언제나 이십육 도 적정 온도라니…

기다림도 사랑일까?

기다림도 사랑일 거야
내가 널 이리도 기다리는 걸 보니!
그런데 마냥 기다리는 건 슬프다!
사랑이라 하더라도…

기다림도 사랑일 거야?
그렇지!
알아 나도
하지만 기다리다가 시간이 다가서

널 사랑할 시간도 없고
널 가질 만한 시간도 없고
널 떠나보낼 추억도 없어

기다림도 사랑이겠지!
그래 또 기다려야 하겠지!
네가 준비될 그 시간까지!
그래야 네가 편안하니까…

난

사실이지!
기다리는 거 싫어
함께하는 사랑이 좋구나!
사랑이라면 말이야!

당신이란 남자와
살고 싶습니다 꽃같이

당신이 내민
팔베개를 하면
난 당신 품 안에 쏙

당신이 내민
혀끝을 살짝 물며
난 당신 혀끝에 쏙

당신이 내민
정표에 꽃잎이 열리면
난 당신의 꽃사슴

당신이 내민
사랑에 단호한 정
난 당신의 아내

당신이 내민
모든 소중함에
난 당신의 피앙세

당신과 함께
당신을 흠모하며
난 당신의 날개

걱정하셨나요? 내 사랑 그대여!

밤사이
아침이 보고 싶어
눈을 감지 못하고
눈 뜨고 지새 맞은 너
마주하고 보니
어둠을 뚫고
지나온
아침이 가여워
지친 널 안아준다

아침도
자고 싶은지!
눈을 깜빡인다
졸린 아침을 누가 알까?
다 아침은 떠오르는 태양과
만나는 오늘을 여는 부지런한
자유라고 생각할 뿐
자리에 눕고 싶은 아침의 맘을
몰라준다

나는
이 아침이 가여워
오후가 되길 기도한다
그래야만 할 것 같아서!
오후가 찾아오면
아침은
편히 잠들 수 있을까?
지친 아침은 인사도 없이 가서
어둠을 헤치고 밝아오리!

해바라기처럼 우린 사랑을 합니다

낮 동안
속이 새까맣게
타들어가도록
사랑을 하였어요
어이없게도

낮 동안
당신 얼굴만 부비다 깨어
노랗게 머리가
산발이 되었어요
갈수록 더 누렇게

아이! 창피해서
고개를 숙여보아도
머리만 보이는 해바라기
난 몰라 울고 싶어 어찌하여요

해는 몰라라
귀엽다 귀엽다 하시며
방긋 웃으시더니

붉은 노을이 되어 사라지셨네요
해도 창피하셨나 보아요

그대 오시는 길에 꽃이 피었나요?

그대 오시는 길에
꽃이 피었나요?
향기가 진동을 하네요

그대 오시는 길에
달이 떠있나요?
밝아서 청아합니다

그대 머무는 곳이
향기가 되어
바람에 실려 오고

그대 머무는 곳이
휘영청 밝아
달처럼 고웁다고 새가 날고

그대여! 그대가 오시면
이곳에 그대를 안고 싶어 하는 마음을 기억하셔요

그대여! 그대가 머물면

그대를 사랑하여 눈물 짓는
비둘기 같은 여인을 기억하셔요

그대가 떠나는 길에
별이 되어 배웅하고
그대가 머무는 길에
나비되어 춤을 출게요

그대여! 아프지 마셔요
오시는 길 느려지면
그대 여인은 목 놓아 울어요

그대여 병들지 말아요
머무는 그 숨소리마다
그대 여인은 새벽이 되어요

꽃이 안다는 슬픔이 나에게도 전해져 온다

저 작은 몸짓에
바람이 다가오면
마음이 어떨까 하였다!
겁이 덜컹 날 것 같아 눈물을 뚝뚝

저 작은 숨구멍
하나하나 꽃잎에 가리고
꽃술에 숨기고
향기를 토하기까지
얼마나 힘들었을까 하니
가슴이 턱 내려앉아 아린다

저 작은 몸짓이 흔들려
흔들리고 흔들리고
예뻐 보였었다 나는!
그러다가 알게 되었다
얼마나 어지러워 구토가 나는지
그 고통의 향기가 자욱하다

아! 작은 꽃아

내 미련함을 용서해주련?
나의 고통이 없다 하여
너의 아픔을 모두 다
행복으로 알아버렸다

행복해지기 위해 애쓰지 마라
행복할 수 없다

행복해지기 위해
애쓰지 마라 행복할 수 없다
감사를 해라 그러면 네 안에
기쁨의 나무가 한 그루 세워지리니
감사하면 할수록 기쁨의 나무에 꽃이 피고 행복이란 열매가
주렁주렁 열리게 되리

행복해지기 위해
애쓰지 마라
행복할 수 없다
행복은 마치 달리기 선수와 같아서
이곳도 뛰어다니고
저곳도 뛰어다니며
감사가 주어지는 곳에서
잠시 머문다

행복은
생각할 틈도 없이 오는 것이며
행복은

마냥 가지고 있을 수도 없는 것이며
행복은 착하다고 받는 것도 아니며
행복은
그냥 순간 머물다 빛처럼 사라진다

내가 있어 행복하지?

가끔은
너에게
내가 있어 행복하지?
아주
가끔은
내가 너에게 위로가 되지?
그럼 됐어
그거면 족하다

누구에게
내가
언제나 필요할 순 없단다
누군가에게
늘 인정받을 수는 없단다
왜냐하면
그건
그 누구라는 사람이
언제나 불행하지도 않고
그 누구라는 사람이
늘 기분이 좋지도 않기 때문이야

걱정 마!
넌
여전히 내게 아름답고
사랑스러운 존재라서
네가
나에게 달라지는 일은 없어
다만
내가
널 못 알아볼 때가
많을 뿐이란다
실망하지 마!

구월의 친구

오도 가도
못 하는 어둔 밤
내 어이 친구를 만나리

달이 밝은들
달려가리까?
별이 밝은들!

구월이 따라와
청하여주었지요
친구하라고 불쑥

창에 던지고 간
연서 한 장 보다 보다
더 진한 시

나는 죽어서 갈잎이 되고 싶소

나는 죽어서
갈잎이 되고 싶소
청춘의 푸르름을
하나도 남기지 않은

나는 죽어서
갈잎이 되고 싶소
젊음의 노란 화려함을
하나도 자랑하지 않는

그래서 떵떵거렸던
세월을 잊고 싶소
그저 떨어져 뒹굴어도
자유한 갈잎이 되고 싶소

목소리만 들어도
좋은 사람이 있었습니다

목소리만 들어도
좋은 사람이 있었습니다
바로 당신입니다

맑고 투명한 마음처럼
달콤하고 촉촉한 목소리
바로 당신입니다

자다가 들어도 반갑고
깨어서 들어도 좋은 목소리
바로 당신입니다

당신이 있으면
낙엽이 뒹굴어도 쓸쓸하지 않고
당신의 목소리에 용기를 얻습니다

사랑합니다 당신에게 해줄 수 있는 말
시랑합니다 당신에게 들을 수 있는 말
바로 당신이 행복입니다

내 마음에 들어와 버렸다 네가

언제였던가?
네가
내 마음에 들어와 산 지가!

나도
모르게
너는 내 맘에 곱게도 자리하였구나!

어쩌면
그리도
고운 자태로 멈추어버렸는지…

사랑한다
고백도 못 하고
사랑이 되었더라

난 구름이 되고 넌 바람이 되어라

두둥실 떠올라
너의 기분을 맞추는
애교쟁이가 되어줄게
꽃구름
양떼구름
뭉게구름
예쁘게 피어서
네 옆에 있을게

살짝이 떠올렸다가
빙빙 안고 돌렸다가
잔잔하게 불다가
확 불어서 널
정신없이 놔주었다가
거침없이 꽉 껴안아
빠져나오지도 못하게
널 사랑해줄게

늘 바라보아도 싫증나지 않는 그런 사람 하나 있었으면 좋겠습니다

풀잎에게 묻습니다
너의 녹취는 어디서 오기에
늘 신선한 것입니까?
늘 푸르름입니까!

이슬에게 묻습니다
너의 맑고 고운 것은 어디서 나기에
늘 고운 것입니까?
늘 맑은 것입니까!

꽃에게도 묻습니다
너의 그 아름다운 자태는 어디서 오기에
이리도 아름다운 것입니까?
이리도 향기로운 것입니까!

늘
바라보아도
싫증 나지 않는
그런 사람 하나 있었으면 좋겠습니다

당신을 계속 사랑할 거요

내 가슴에
사랑이라는
당신 별이 떴어요
반짝거리느라고
정신도 없이 눈부셔요

호수같이
맑은 마음 한 켠에
사랑이라 이름하고
빛나서 초롱초롱합니다
당신 이름조차도

이렇게 설레어
바람처럼 나부끼니
아찔하여 어지럽고
따뜻한 당신 품 안에 쏘옥
별이 됩니다 나도

널 사랑하는 일이 네게
사랑이 아니라면 멈추련다

널

사랑하는 일이

네게

사랑이 아니라면

멈추련다

그러나

널

사랑하는 일에서

멈추어진

나는

사랑을 멈출 수가없다

나에게서 사라지지 마세요

나에게서 사라지지 마세요
내가 얼마나 사랑하는지 알잖아요
사랑해요 가슴 깊이
나에게서 떠나가지 마세요
내가 얼마나 당신을 곁에 두고 싶어 하는지
알잖아요 사랑해요 마음 깊이
당신 없이 살아갈 자신이 없어요
당신을 너무 사랑해버렸나 보아요
당신에게 깊이 빠져버렸나 보아요

언제나 당신은 그 마음 그대로라고
걱정 마시고 계시라고 하시고선
마음 푹 놓고 믿은 게
사라진 당신을 이유도 모르고
보내야 하는 일인가요?
정말 슬프군요
마음 다 가지시고는 이리도
나에게 냉정하시다니
참 슬프군요

얼굴도 한 번 못 보아도
사랑한다고 하셨고
나의 아픔이 아무리 진해도
다 감당하고 싶어 하시더니
그 사랑 변함 없을 거라고
굳게 믿게 하시더니
이리도 아무 말없이 떠나시나요!
진정으로 슬퍼서
마음이 무너져 내립니다

영원히 내 기억 속에
아픈 손가락으로
남지 않으시려거든
이유나 알려주시어요
알아야 이해도 되고
포기도 될 거 같은데
당신이 보고 싶어 미칠 듯
내 심장이 뛥니다
아직도 내 가슴은 아립니다

넌 나의 남자야 새꺄

빈충이처럼
어리바리하다고 해도
넌
내 남자야
새꺄

다들 못생겼다고
놀릴지 몰라도
넌
내 사랑이야
새꺄

까불지들 말고
지들 사랑에나 신경 쓰고
괜히 감 놔라 대추 놔라
지랄 떨지 마라 해
새꺄

병신
시간이 남아도냐

쓸데없이 남의 사랑에 불 지르게
됐고
네 사랑에나 찬물 끼얹지 말라고 해
줘!

그녀의 숨소리만 들어도 좋습니다

그녀의 숨소리는
언제나 웃고 있습니다
부드럽게
온화함을 띄고
사랑스러웁게 미소 짓고 있습니다

나에게만 들려오는
따뜻하고 정겨운 숨소리가 있습니다
그녀는 사랑이 많아서
숨소리도 잔잔하기만 합니다
들릴 듯 말 듯 들릴 듯 말 듯

작은 숨소리를 듣다보면
너무 예뻐서 바라보다가
숨이 멈춘 듯 보여
그만 가슴을 쓸어내리기도 합니다
그녀는 나를 안도라도 시키는 듯

작은 소리를 내어줍니다
정말 사랑스런 그녀입니다

볼에 살짝 안도의 키스를 하며
기쁨의 포옹을 솜털처럼 해줍니다
나의 그녀는 꽃보다 아름다운 웃음입니다

당신이 내 곁에 없으니까
참 쓸쓸합니다

당신 가슴에 스며들고 싶었지요
내 사랑 전부를
당신 마음 한가운데 자리 잡고 싶었지요
그대로 빼낼 수 없도록
하지만 그만 당신이 나에게 가득히
스며들어 빼내지도 못하게 되었네요
어찌할까요?
이 아픈 마음 그대로 간직만 하다가
아스라이 쓰러져 지는 낙엽이 될까요?

당신이 해주는 사랑 고백을 듣다가
믿어버렸어요 당신의 전부를
당신이 말하는 모든 것은 진실로 믿어져서
하나도 의심하지 않았어요
그러다 나는 당신이 떠난 자리에서
무엇을 붙잡아야 할지 헛손질만 하네요
마음이 너무 아파서
울지도 못하겠어요
당신이 곁에 안 계시니 쓸쓸하기만 하네요